¡ESQUELETOS!
¡ESQUELETOS!

Todo acerca de los huesos

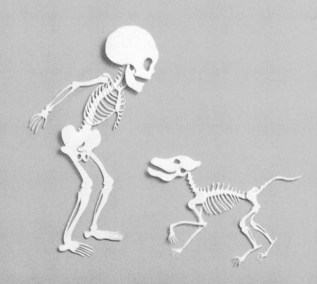

Katy Hall • ilustraciones de Paige Billin-Frye

SCHOLASTIC INC.
New York Toronto London Auckland Sydney

My thanks to consultant Dr. Thomas M. Kleuser, orthopedic surgeon — K.H.

Skeletons! Skeletons! All About Bones/¡Esqueletos! ¡Esqueletos! Todo acerca de los huesos

Text copyright © 1991 by Katy Hall. Spanish translation copyright © 1993 by Scholastic Inc. Illustrations copyright © 1991 by Paige Billin-Frye. All rights reserved. Published by Scholastic Inc., 730 Broadway, New York, NY 10003, by arrangement with Platt & Munk Publishers, a division of The Putnam & Grosset Book Group.
Printed in the U.S.A.
ISBN 0-590-46873-1

7 8 9 10   23   56/0

Son de distintos tamaños y crecen con los años. ¿Qué son?
¡Los huesos!

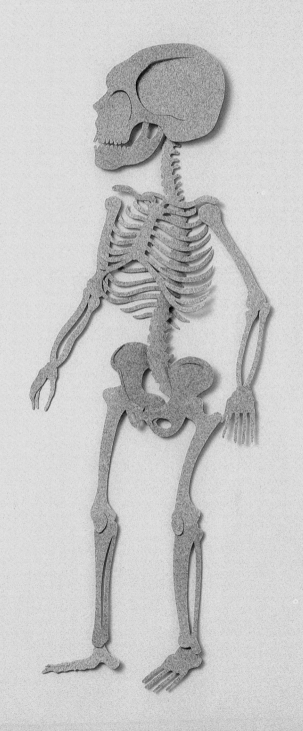

Tu cuerpo está lleno de huesos. Algunos son pequeños, como los huesos de tus dedos. Otros son grandes, como los huesos de tus caderas.

Cada hueso está unido por lo menos a otro hueso. El conjunto de todos los huesos se llama esqueleto. El esqueleto es lo que te da forma. Sin él serías como un muñeco de trapo.

Hay algo que los bebés tienen más que
los mayores. ¿Qué es?
¡Huesos!

Un bebé recién nacido tiene más de
300 huesos. No son tan duros como los
de los mayores porque están hechos de
cartílago. El cartílago es como un hueso
más suave. Tu nariz y tus orejas están
hechos de cartílago.

Mientras un bebé crece, muchos
huesos se unen entre sí y se endurecen.
Una persona adulta tiene 206 huesos.

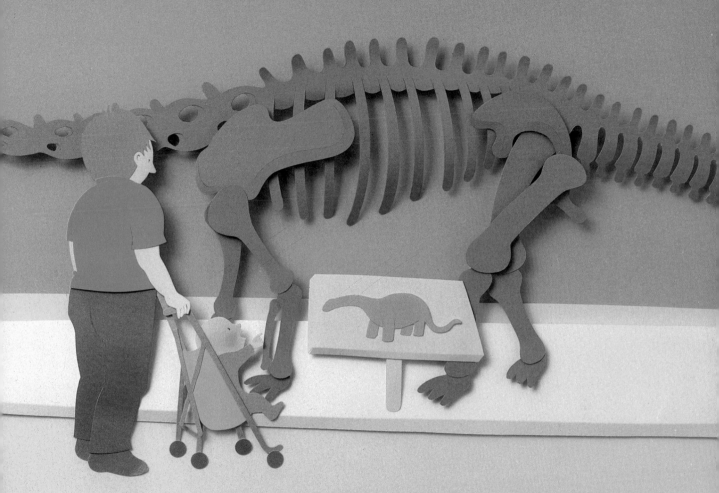

Los huesos de dinosaurio que ves en un museo son huesos muertos, pero tus huesos son tejidos vivos. La parte de afuera está formada por minerales, al igual que las rocas. Los músculos se pegan al exterior duro de los huesos. Dentro de los huesos hay un material esponjoso que se llama médula o tuétano. Ahí se produce la sangre. Las venas y las arterias pasan a través de los huesos. En los huesos también hay nervios: por eso puedes sentir dolor en ellos. ¡Los huesos de tu cuerpo están muy vivos!

Hay un casco que nunca te puedes quitar. ¿Qué es?

¡El cráneo!

El cráneo es como un casco que sirve para proteger el cerebro de golpes en la cabeza. El cráneo también te protege los ojos y los huesitos del oído interno.

El cráneo no es un solo hueso. En realidad, está formado por más de 20 huesos que se encajan uno con otro. En el cráneo sólo hay un hueso que se mueve. ¿Adivinas cuál? ¡La quijada!

¿Qué cable sale del cráneo?

¡La médula espinal!

Un cable eléctrico está formado por muchos alambres que llevan electricidad de un lado a otro.

Tu médula espinal es como un cable eléctrico formado por muchos nervios muy delicados. Al igual que los alambres, los nervios llevan y traen mensajes entre el cerebro y el resto del cuerpo.

Las vértebras están unidas por unos ligamentos flexibles que son como ligas elásticas. Esos ligamentos te permiten doblarte hacia adelante y tocarte los dedos de los pies o doblarte hacia atrás y arquear la espalda.

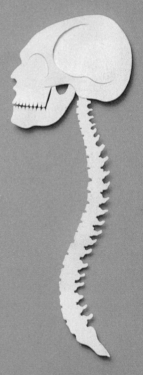

Los huesos de la columna vertebral se llaman vértebras. Cada vértebra tiene un agujero en el centro. Todos los agujeros forman un túnel por donde pasa la médula espinal. Las vértebras son huesos duros que protegen la delicada médula espinal.

¿Qué caja tienes en el pecho?

¡La caja torácica!

La caja torácica parece una jaula. Las costillas son las barras de la jaula. Adentro están los pulmones. Para inflar un globo, primero tienes que inhalar hondo y llenar los pulmones de aire. Al hacer eso, los pulmones se agrandan. Luego, cuando exhalas el aire de los pulmones dentro del globo, éstos se desinflan. Cuando inhalas, los músculos levantan las costillas hacia arriba y hacia afuera para darle espacio a los pulmones. Además de proteger los pulmones, la caja torácica protege el corazón, el estómago y el hígado.

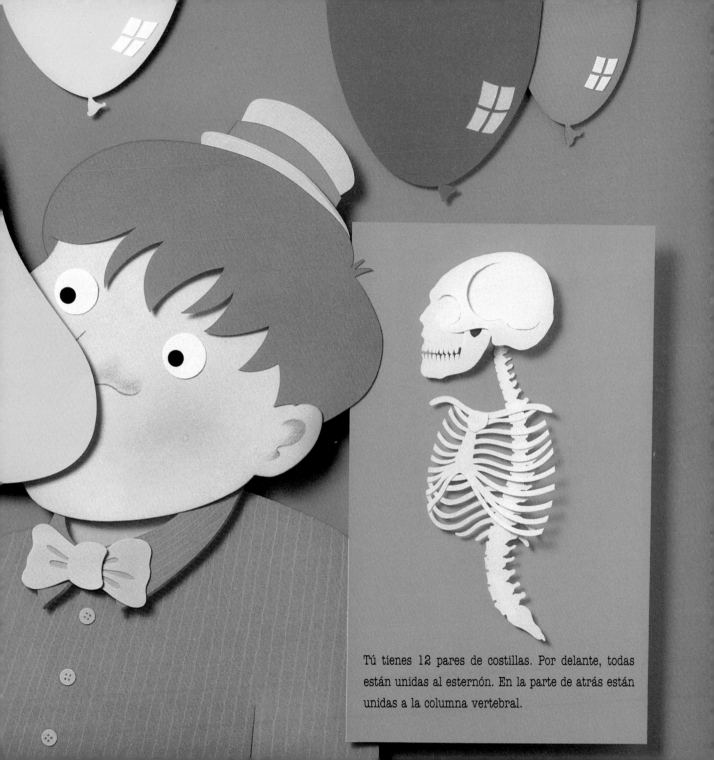

Tú tienes 12 pares de costillas. Por delante, todas están unidas al esternón. En la parte de atrás están unidas a la columna vertebral.

¿Qué tienes en el brazo que rima con *todo*?

¡El *codo*!

El codo es donde el hueso de la parte de arriba del brazo se une a los dos huesos del antebrazo. El punto donde los huesos se unen se llama articulación o coyuntura. Tu codo es una articulación parecida a una bisagra. Te permite mover el brazo hacia arriba y hacia abajo. Tus rodillas también son articulaciones de bisagra. En la rodilla se unen el hueso grande del muslo y los dos huesos más delgados de la pantorrilla.

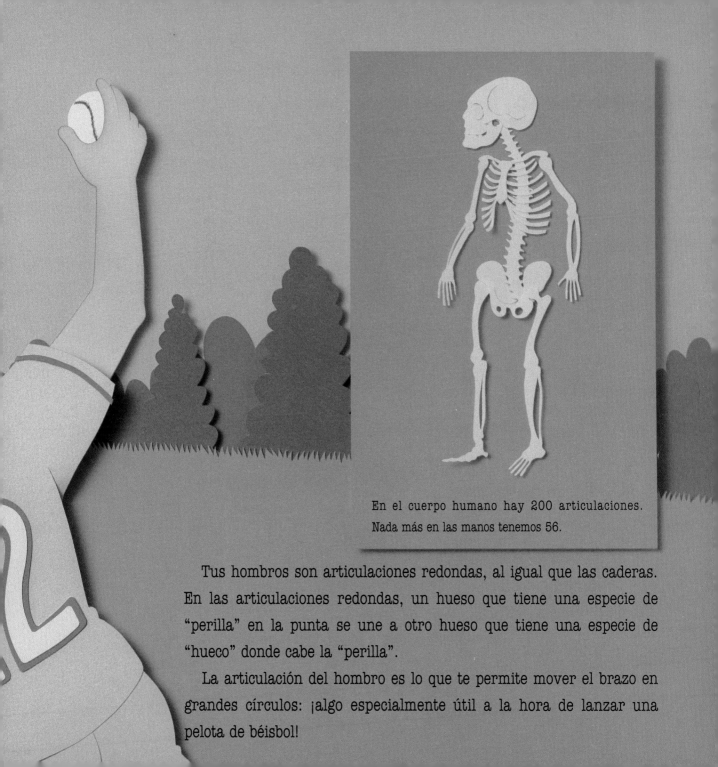

En el cuerpo humano hay 200 articulaciones.
Nada más en las manos tenemos 56.

Tus hombros son articulaciones redondas, al igual que las caderas.
En las articulaciones redondas, un hueso que tiene una especie de
"perilla" en la punta se une a otro hueso que tiene una especie de
"hueco" donde cabe la "perilla".

La articulación del hombro es lo que te permite mover el brazo en
grandes círculos: ¡algo especialmente útil a la hora de lanzar una
pelota de béisbol!

Nuestro esqueleto nos da forma humana. Sostiene y protege nuestros órganos. También nos permite mantenernos de pie, sentarnos, caminar, correr, doblarnos y hacer todas las cosas que hacemos los seres humanos.

Los seres humanos no somos los únicos que tenemos esqueleto. La mayoría de los animales tienen esqueleto, pero son muy distintos a los nuestros porque su forma de vida también es distinta. Cada animal tiene un esqueleto adecuado para su forma de vida.

Los esqueletos de los animales de mar son perfectos para vivir en el agua. El esqueleto de una langosta es su caparazón. Cuando el esqueleto está en la parte de afuera, se llama esqueleto externo. El esqueleto externo de la langosta la protege de sus enemigos.

Los esqueletos de los peces tienen espinas largas y flexibles. Eso les permite nadar fácilmente, moviendo la cola de lado a lado. En lugar de brazos o piernas, los peces tienen pequeñas aletas. Las aletas de abajo les sirven para remar en el agua, y las de arriba para mantener el equilibrio y no voltearse.

Éste es el esqueleto de un animal de mar que puede llegar a tener 110 pies de largo: ¡como tres autobuses escolares! ¡Su mandíbula es tan grande que el jugador de baloncesto más alto del mundo podría pasar por ella sin agacharse! ¡Los huesos de su columna vertebral pesan más que 10 vacas! ¿Adivinas qué es?

Si no adivinas, aquí tienes un truco: mira esta página frente a una luz. ¿Ahora puedes ver de qué animal es el esqueleto? Haz lo mismo cada vez que veas esto.

¡La ballena azul!

La ballena azul parece un pez pero en realidad no lo es. No puede estar bajo el agua todo el tiempo. Necesita subir a la superficie para respirar.

Gracias al estudio de los fósiles de ballenas, se ha descubierto que hace mucho tiempo las ballenas vivían en la tierra ¡y que tenían cuatro patas! Pero con el tiempo dejaron la tierra y se fueron a vivir al mar. A lo largo de millones de años sus patas delanteras se convirtieron en aletas y sus patas traseras desaparecieron.

Este esqueleto es de un animal experto en saltar. ¿Qué es?

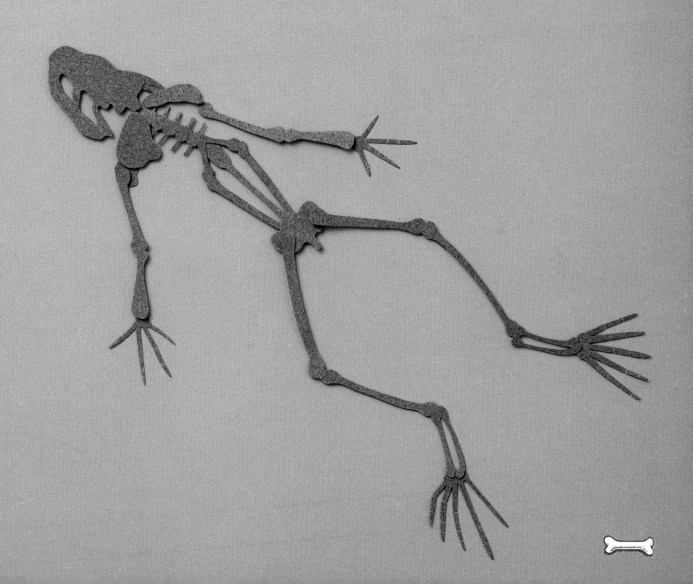

¡Una rana!

Fíjate que los huesos de las patas traseras son del mismo largo que los huesos de la pantorrilla y del muslo. Para saltar, la rana primero estira el muslo, después la pantorrilla y por último la pata. Eso es lo que le permite saltar alto y lejos, algo muy útil para escapar, ¡especialmente si a un animal se le antoja cenar rana!

¡Imagínate lo grandes que serían tus pies si fueran tan largos como tu muslo y tu pantorrilla!

Algunos animales son largos y otros son cortos. Pero a este animal sólo lo podemos medir en pulgadas. ¿Qué es?

¡Una culebra!

¡Sólo la podemos medir en pulgadas porque no tiene pies!

Las culebras no tienen pies, manos, brazos ni hombros. El esqueleto de las culebras es simplemente un cráneo y una larga columna vertebral con un par de costillas que salen de cada vértebra. Un esqueleto así es justo lo que necesita para arrastrarse por la arena del desierto o enredarse en los árboles de la selva.

Algunas culebras, como la pitón, pueden desencajar las mandíbulas. ¡Una pitón puede abrir la boca y tragarse un cerdo entero!

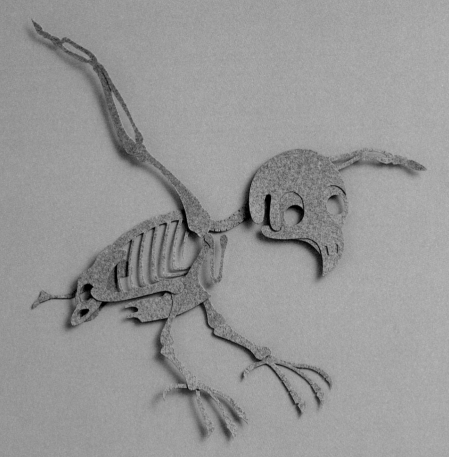

Para volar, las aves deben ser livianas. Por eso sus huesos son distintos a los de otros animales. Los huesos de muchas aves son huecos, como pajitas o popotes. Otros tienen bolsitas de aire. Además, las aves no tienen dientes, que son pesados, y en cambio tienen pico, que es mucho más liviano.

Los huesos de las alas son como los tres huesos largos de los brazos humanos. Las plumas crecen sobre la piel que cubre los huesos.

Esta ave siempre está despierta cuando todos estamos durmiendo. ¿Qué es?

¡El búho!

El búho es un cazador nocturno. Las cuencas de los ojos son profundas para proteger sus grandes ojos. Los ojos de un búho pueden recibir mucha luz. Por eso ven hasta un pequeño ratoncito, ¡aun cuando a nosotros todo nos parezca oscuro! El búho tiene unas fuertes alas cubiertas de plumas muy suaves. Eso le permite volar silenciosamente de noche buscando presas.

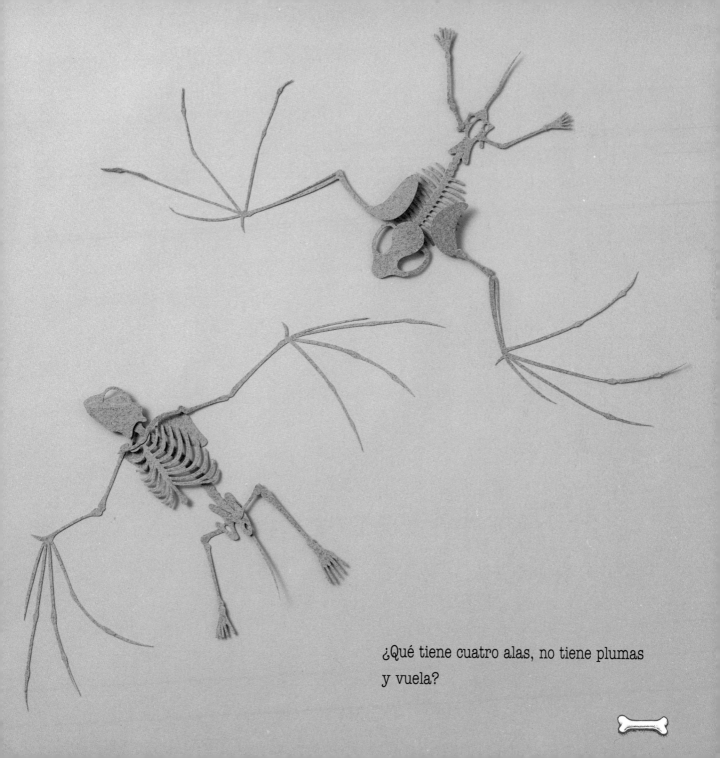

¿Qué tiene cuatro alas, no tiene plumas y vuela?

¡Dos murciélagos!

Como las aves, los murciélagos tienen huesos livianos. Pero los murciélagos no son aves y sus alas son muy distintas. Los huesos de las alas de un murciélago se parecen a los huesos de tus dedos. Entre esos "dedos" tienen una piel muy fina. Con las alas abiertas, ¡pueden medir hasta seis pies! Algunos pueden volar a 32 millas por hora.

Los esqueletos de muchos animales terrestres son parecidos. El cráneo les sirve de "casco" para proteger el cerebro. Sus vértebras flexibles protegen la médula espinal. Las costillas les protegen los pulmones, el corazón, el estómago y el hígado. Cada extremidad tiene un hueso largo unido a otros dos huesos más delgados. Esos huesos están unidos a los huesos de las manos o los pies. Pero aun cuando los animales que viven en la tierra tienen todas estas cosas en común, también tienen muchas diferencias.

¿Qué animal puede reconocerte nada más con olerte?

¡Un perro!

El cráneo de los perros es grande en la parte de la nariz u hocico. Ahí se encuentran todos los nervios que les dan un sentido del olfato tan agudo.

Como su sentido del olfato es tan bueno, los perros no dependen tanto de la vista como los seres humanos. Por esa razón, las cuencas de los ojos no son muy grandes.

Al igual que su pariente el lobo, los perros tienen fuertes huesos en las piernas que les permiten correr a gran velocidad. También tienen dientes afilados que les sirven para matar sus presas.

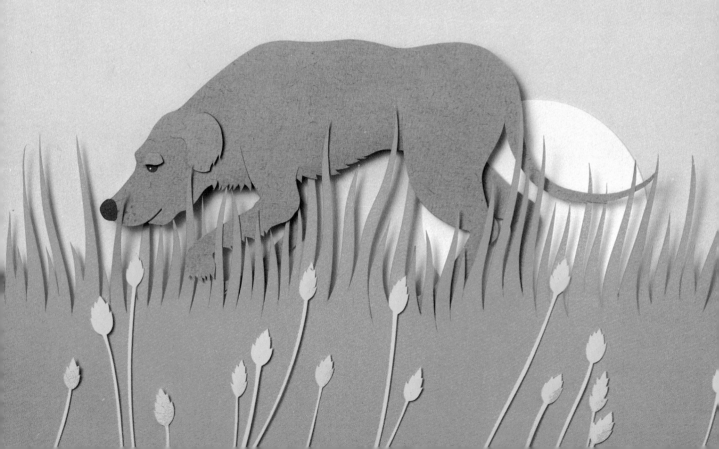

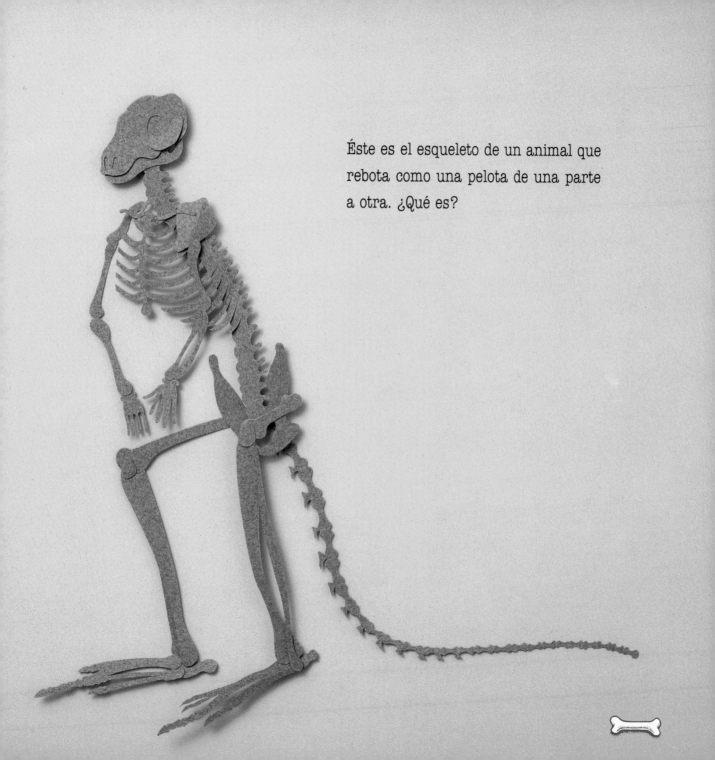

Éste es el esqueleto de un animal que rebota como una pelota de una parte a otra. ¿Qué es?

¡Un canguro!

¡Un canguro puede saltar muy lejos! Los fuertes huesos de sus patas traseras son perfectos para dar grandes saltos. ¡Un canguro puede brincar hasta 30 pies de un solo salto para escaparse de un enemigo!

Como el canguro no necesita sus cortas patas delanteras para moverse de un sitio a otro, las usa para sujetar cosas y para jugar al "boxeo".

Para descansar, solamente tiene que apoyarse en su fuerte cola.

¿Qué animal se puede colgar de la cola?

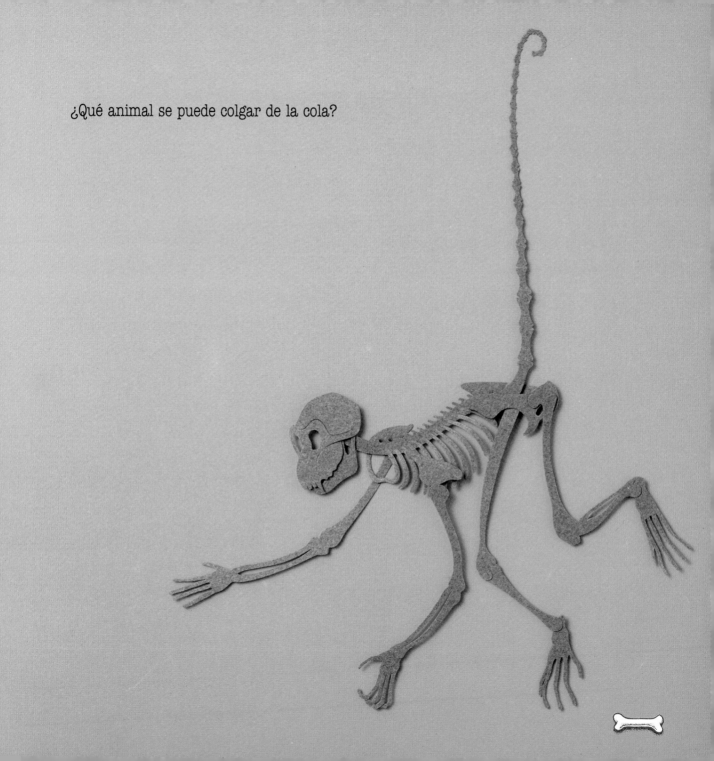

¡Un mono!

La cola, también llamada rabo, es una continuación de la columna vertebral. La cola permite que los animales que caminan en cuatro patas mantengan el equilibrio.

Los músculos de la cola de este mono araña le permiten enroscarla alrededor de una rama y son tan fuertes que puede colgarse de ella.

Los simios son el grupo de animales que más se parece a los humanos. Los esqueletos humanos y simios tienen muchas cosas en común y a los dos les falta algo que los monos sí tienen: ¡cola!

¿Cuándo una cola no es un rabo?
¡Cuando es el final!